3-

Dähnckes praktisches Pilzkochbuch

Sabine Maria Dähncke

# Dähnckes praktisches Pilzkochbuch

AT Verlag Aarau · Stuttgart

AT Verlag, Aarau/Schweiz
Umschlag: AT-Grafik
Fotos: Rose Marie Dähncke
Gesamtherstellung: Grafische Betriebe
Aargauer Tagblatt AG, Aarau

Printed in Switzerland

ISBN 3-85502-302-6

# Inhalt

# Vorwort

Jedes Jahr nach den ersten heiss ersehnten Regenfällen im Spätherbst, die die Regenzeit auf den Kanarischen Inseln einleiten, gehen meine Familie und ich mit Begeisterung «in die Pilze». Da spriessen beinahe über Nacht die herrlichen Waldesfrüchte im Überfluss in den Bergwäldern. Einmal suchen wir nur Blutreizker zum Grillen im Freien, dann ein Körbchen voll Pfifferlinge als Begleitung für den Sonntagsbraten oder viele verschiedene Pilzarten für eine zünftige spanische Pilzpaella. Bisweilen laden wir Freunde ein zum Pilzfondue oder bewirten besonders liebe Gäste mit einem exquisiten Morchelragout. Und der Rest des überreichlichen Pilzsegens wird je nach Verwendungszweck getrocknet oder eingefroren, damit wir das ganze Jahr über die schönsten Pilzschlemmereien bereiten können. Und Sie möchten wir durch Preisgabe der besten Rezepte an diesen kulinarischen Gaumenfreuden teilhaben lassen!

Damit Sie ganz sicher eine gute Pilzernte aus dem Wald mit nach Hause bringen, finden Sie in meinem Buch eine Liste mit 180 Speisepilzarten, die als Einzel- oder Mischpilzgerichte zubereitet werden können. Die grossformatigen Abbildungen und ausführlichen Beschreibungen aller dieser Pilze sowie Hinweise auf Verwechslungsmöglichkeiten mit ungeniessbaren oder giftigen Doppelgängern sind in dem Buch «200 Pilze» von Rose Marie Dähncke, AT Verlag Aarau · Stuttgart, zusammengefasst.

Sammeln Sie die Pilze immer in einem Korb, denn in Plastiktüten fangen sie leicht an zu schwitzen, das Pilzeiweiss zersetzt sich dann, und selbst die besten Speisepilze werden unbekömmlich.

Alte Pilze lassen Sie stehen, ebenso die ganz jungen Exemplare; bei denen kann leicht eine Verwechslung mit ungeniessbaren oder giftigen Pilzen vorkommen, weil die Artenmerkmale noch nicht genügend deutlich ausgeprägt sind.

Zu Hause sortieren Sie die Pilze nach Verwendungszweck: Die zum Trocknen gedachten Pilze werden nicht gewaschen, sondern nur sehr sauber geputzt und dann getrocknet. Die Bratpilze auch möglichst ungewaschen säubern, weil die anhaftenden Wasserreste sonst das Bratfett zum Spritzen bringen.

Und all die restlichen Pilzarten werden geputzt, gewaschen und abgetropft. Die Röhrlinge, die beim Waschen viel Wasser aufsaugen, können Sie wie einen Schwamm ausdrücken, damit sie beim Verarbeiten nicht so viel Flüssigkeit absondern.

Das A und O eines wohlschmeckenden Pilzgerichtes liegt im richtigen Zerkleinern der sauberen Pilze: Je feiner und dünner sie aufgeschnitten werden, desto intensiver können sie ihr ganzes herrliches Aroma entfalten.

Pilzarten, die von sich aus einen guten Eigengeschmack haben, können Sie auch allein für alle Rezepte verwenden, in denen Mischpilze angegeben sind. Diese

Einzelgerichte nur mässig würzen, um das Eigenaroma der Pilze zu erhalten. Andere Arten hingegen gewinnen mit einer kräftigen Würzmischung an Wohlgeschmack.

Zu Pilzgerichten, die mit einer der drei nachfolgend aufgezählten Pilzarten bereitet sind, keinen Alkohol geniessen, weil dies allergische Reaktionen hervorrufen kann:

Netzstieliger Hexenröhrling
*Boletus luridus*
Faltentintling
*Coprinus atramentarius*
Glimmertintling
*Coprinus micaceus*

Und nun auf in den Wald zum Pilzesuchen, damit Sie bald genauso schlemmen können wie wir!

# Rezepte für Einzel- und Mischpilzgerichte

**Liste der Pilzarten, die für die Rezepte dieses Kapitels (Seiten 14–50) geeignet sind.**

Ackerling, Leberbrauner
*Agrocybe erebia*
Ackerling, Rissiger
*Agrocybe dura*
Ackerling, Voreilender
*Agrocybe praecox*
Anhängselröhrling
*Boletus appendiculatus*
Anischampignon
*Agaricus arvensis*
Anischampignon, Schiefknolliger
*Agaricus abruptibulbus*
Anisklumpfuss
*Cortinarius odorifer*
Anistrichterling
*Clitocybe odora*
Aniszähling
*Lentinellus cochleatus*
Apfeltäubling
*Russula paludosa*
Asphaltchampignon
*Agaricus bitorquis*
Austernseitling
*Pleurotus ostreatus*
Birkenröhrling
*Leccinum scabrum*
Blaustielschleimfuss
*Cortinarius collinitus*
Blutchampignon, Grosser
*Agaricus langei*
Buckeltäubling
*Russula coerulea*
Butterröhrling
*Suillus luteus*
Butterrübling
*Collybia butyracea*
Champignon, Grosssporiger
*Agaricus macrosporus*
Dachpilz, Rehbrauner
*Pluteus atricapillus*
Dachpilz, Seidiger
*Pluteus petasatus*
Eichenglucke
*Sparassis laminosa*
Eichhase
*Grifola umbellata*
Elfenbeinröhrling
*Suillus placidus*
Erdritterling
*Tricholoma terreum*
Erlengrübling
*Gyrodon lividus*
Eselsohr
*Otidea onotica*
Espenrotkappe
*Leccinum aurantiacum*
Faltentintling
*Coprinus altramentarius*
Faserling, Behangener
*Psathyrella candolleana*
Fichtenzapfenrübling
*Strobilurus esculentus*
Filzröhrling, Brauner
*Xerocomus spadiceus*

Frauentäubling
*Russula cyanoxantha*
Frostrasling
*Lyophyllum fumosum*
Frostschneckling
*Hygrophorus hypothejus*
Frühlingsweichritterling
*Melanoleuca cognata*
Gabeltrichterling, Kaffeebrauner
*Pseudoclitocybe cyathiformis*
Gelbfuss, Filziger
*Chroogomphus helveticus*
Gelbfuss, Kupferroter
*Chroogomphus rutilus*
Glimmerschüppling
*Phaeolepiota aurea*
Glucke, Krause
*Sparassis crispa*
Goldröhrling
*Suillus grevillei*
Graustieltäubling, Gelber
*Russula flava*
Graustieltäubling, Orangeroter
*Russula decolorans*
Graustieltäubling, Weinroter
*Russula vinosa*
Grünling
*Tricholoma auratum*
Grünspanträuschling
*Stropharia aeruginosa*
Grüntäubling, Gefelderter
*Russula virescens*
Gürtelfuss, Geschmückter
*Cortinarius armillatus*
Haarschleierling, Kartonfarbener
*Cortinarius crassus*
Habichtspilz
*Sarcodon imbricatus*
Hainbuchenröhrling
*Leccinum griseum*
Hallimasch
*Armillariella mellea*
Heideschleimfuss
*Cortinarius mucosus*
Herbstlorchel
*Helvella crispa*
Heringstäubling
*Russula xeramplina*
Hexenröhrling, Flockenstieliger
*Boletus erythropus*
Hexenröhrling, Netzstieliger
*Boletus luridus*
Holzritterling, Rötlicher
*Tricholoma rutilans*
Jungfernellerling
*Camarophyllus virgineus*
Kaiserling
*Amanita caesarea*
Keule, Abgestutzte
*Clavariadelphus truncatus*
Keulenfusstrichterling
*Clitocybe clavipes*
Kiefernsteinpilz
*Boletus pinicola*
Koralle, Schwefelgelbe
*Ramaria flava*
Kuhmaul
*Gomphidius glutinosus*
Kuhröhrling
*Suillus bovinus*
Körnchenröhrling
*Suillus granulatus*
Lacktrichterling, Amethystblauer
*Laccaria amethystina*
Lacktrichterling, Roter
*Laccaria laccata*
Lärchenschneckling
*Hygrophorus lucorum*
Ledertäubling, Brauner
*Russula integra*
Ledertäubling, Rotstieliger
*Russula olivacea*
Mairitterling
*Calocybe gambosa*

Maronenröhrling
*Xerocomus badius*
Märzellerling
*Hygrophorus marzuolus*
Maskenritterling
*Lepista personata*
Mehlräsling
*Clitopilus prunulus*
Mohrenkopfmilchling
*Lactarius lignyotus*
Mönchskopf
*Clitocybe geotropa*
Morchel, Köstliche
*Morchella conica var. deliciosa*
Morchelbecherling
*Disciotis venosa*
Muscheling, Trichterförmiger
*Hohenbuehelia petaloides*
Nebelkappe
*Lepista nebularis*
Nelkenschwindling
*Marasmius oreades*
Ockertäubling
*Russula ochroleuca*
Perlpilz
*Amanita rubescens*
Pfifferling
*Cantharellus cibarius*
Pfifferling, Falscher
*Hygrophoropsis aurantiaca*
Pfifferling, Goldstieliger
*Cantharellus lutescens*
Rasling, Weisser
*Lyophyllum connatum*
Rauhfussröhrling, Gelbporiger
*Leccinum crocipodium*
Riesenchampignon, Brauner
*Agaricus vaporarius*
Riesenchampignon, Heller
*Agaricus perrarus*
Riesenscheidenstreifling
*Amanita inaurata*
Riesenträuschling, Rotbrauner
*Stropharia rugosoannulata*
Ritterling, Gilbender
*Tricholoma scalpaturatum*
Ritterling, Nackter
*Lepista nuda*
Ritterling, Schwarzfaseriger
*Tricholoma portentosum*
Ritterling, Schwarzschuppiger
*Tricholoma atrosquamosum*
Ritterling, Seidiger
*Tricholoma columbetta*
Röhrling, Blutroter
*Xerocomus rubellus*
Röhrling, Schwarzblauender
*Boletus pulverulentus*
Rötelritterling, Blassblauer
*Lepista glaucocana*
Rötelrittering, Marmorierter
*Lepista rickenii*
Rotfussröhrling
*Xerocomus chrysenteron*
Rotkappe
*Leccinum testaceoscabrum*
Rötling, Blassbrauner
*Entoloma sepium*
Rötling, Porphyrbrauner
*Entoloma porphyrophaeum*
Saftling, Grösster
*Hygrocybe punicea*
Saftling, Kirschroter
*Hygrocybe coccinea*
Samtfussrübling
*Flammulina velutipes*
Samtrübling, Breitblättriger
*Oudemansiella platyphylla*
Sandröhrling
*Suillus variegatus*
Saumpilz, Tränender
*Psathyrella velutina*
Schafporling
*Albatrellus ovinus*

Scheidenstreifling, Gelbbräunlicher
*Amanita fulva*

Scheidenstreifling, Safrangelber
*Amanita crocea*

Scheidling, Grosser
*Volvariella speciosa*

Schleiereule
*Cortinarius praestans*

Schleierritterling, Knolliger
*Leucocortinarius bulbiger*

Schleimkopf, Gelbgestiefelter
*Cortinarius triumphans*

Schleimkopf, Vielgestaltiger
*Cortinarius variegatus*

Schleimrübling, Grubiger
*Oudemansiella radicata*

Schneckling, Gelbbeschleierter
*Hygrophorus aureus*

Schneckling, Isabellrötlicher
*Hygrophorus poetarum*

Schneckling, Schwarzpunktierter
*Hygrophorus pustulatus*

Schneckling, Wohlriechender
*Hygrophorus agathosmus*

Schwefelkopf, Graublättriger
*Hypholoma capnoides*

Schweinsohr
*Gomphus clavatus*

Semmelstoppelpilz
*Hydnum repandum*

Sommersteinpilz
*Boletus aestivalis*

Speisemorchel
*Morchella esculenta*

Speisetäubling
*Russula vesca*

Spitzmorchel
*Morchella conica*

Steinpilz
*Boletus edulis*

Stockschwämmchen
*Kuehneromyces mutabilis*

Trichterling, Fahler
*Lepista gilva*

Trichterling, Gelbbrauner
*Clitocybe gibba*

Trompetenpfifferling
*Cantharellus tubaeformis*

Veilchenrötelritterling
*Lepista irina*

Waldschneckling
*Hygrophorus nemoreus*

Weichritterling, Gemeiner
*Melanoleuca melaleuca*

Weichritterling, Kurzstieliger
*Melanoleuca brevipes*

Weisstrüffel
*Choiromyces maeandriformis*

Wieseltäubling
*Russula mustelina*

Wiesenchampignon
*Agaricus campester*

Wiesenellerling
*Camarophyllus pratensis*

Wulstling, Grauer
*Amanita spissa*

Ziegenfussporling
*Albatrellus pes-caprae*

Ziegenlippe
*Xerocomus subtomentosus*

Zigeuner
*Rozites caperata*

**Die nachstehend aufgezählten Pilzarten eignen sich besonders für die folgenden Rezepte, in denen sie namentlich aufgeführt sind.**

Becherling, Blasiger
*Peziza vesiculosa*
Becherling, Kastanienbrauner
*Peziza badia*
Gallertstacheling
*Pseudohydnum gelatinosum*
Gallerttrichter, Rötlicher
*Tremiscus helvelloides*
Orangebecherling
*Aleuria aurantia*
Samtfusskrempling
*Paxillus atromentosus*
Schopftintling
*Coprinus comatus*

Alle im Buch aufgeführten Rezepte sind für 4 Personen berechnet.

# Salate

## Feiner Salat aus rohen Pilzen

(siehe Bild Seite 15)

*200–250 g Champignons oder Steinpilze, fein aufgeschnitten*
*½ Zitrone, Saft*
*1 Zwiebel, in Ringen*
*150 g gemischtes Gemüse, bissfest gekocht und zerkleinert (Schwarzwurzeln, Kohlrabi, Blumenkohl, Broccoli, grüne Bohnen, Sellerie, Erbsen)*

***Sauce:***

*1 EL Petersilie, fein gehackt*
*1 TL Dill, fein gehackt*
*1 EL Öl*
*1 EL Weinessig*
*2 EL Weisswein*
*1 Msp. Zucker*
*Salz*
*Pfeffer*

Die Pilze mit dem Zitronensaft beträufeln, mit der Zwiebel und dem Gemüse vermischen. Aus den restlichen Zutaten eine Sauce bereiten und unter die Salatzutaten heben. Im Kühlschrank 1–2 Stunden durchziehen lassen.

## Mischpilzsalat mit verschiedenen Saucen zur Wahl

*400–500 g Mischpilze, fein aufgeschnitten*
*wenig Wasser*

Die Pilze im Wasser 2–3 Min. köcheln, auf ein Sieb geben, mit kaltem Wasser abspülen und abtropfen lassen. Den Kochsud anderweitig verwenden.
Die abgetropften Pilze noch warm mit einer der folgenden Saucen vermischen und im Kühlschrank 2–3 Stunden durchziehen lassen.

***Salatsaucen***

**1)** *1 EL Essig, 2 EL Öl, 1 Zwiebel, fein gehackt, etwas Zucker, Salz, Pfeffer*
**2)** *2 EL Zitronensaft, 2 EL Öl, 1 Zwiebel, fein gehackt, 2–3 EL gemischte Kräuter, fein gehackt, etwas Zucker, Salz Pfeffer*
**3)** *1 EL Essig, 1 EL Öl, 1 TL bis 1 EL Senf, 1 EL Kapern, etwas Zucker, Salz, Pfeffer*
**4)** *2 EL Mayonnaise, 1 EL Sahne, 1 TL Senf, 1 Prise Currypulver*
**5)** *2 EL Mayonnaise, 1 EL Tomatenmark oder -ketchup, ⅓ TL Rosenpaprika, einige Tropfen Tabascosauce, Tomate, fein gewürfelt, Salz, Pfeffer*
**6)** *150 ccm Crème fraîche oder saure Sahne, 1 kleiner Apfel und 1 Gewürzgurke, fein gewürfelt, einige Perlzwiebeln, gehackt*

*Feiner Salat aus rohen Pilzen*
*(Rezept Seite 14)*

(Rezept Seite 14)

**7)** *150 ccm Joghurt, 1 TL Essig ½ Zwiebel und 2 hartgekochte Eier, fein gehackt, ½ Bund Schnittlauch, fein aufgeschnitten, Salz, Pfeffer*

**Ergänzungen für den Pilzsalat**

- rohe Gemüse, zum Beispiel Tomaten, Kopfsalat, Chinakohl, Lauch, Chicorée, Avocado
- bissfest gekochte Gemüse, zum Beispiel Blumenkohl, Broccoli, Schwarzwurzeln, grüne Bohnen, Erbsen, Sellerie, Kohlrabi, Pellkartoffeln
- Hülsenfrüchte, über Nacht eingeweicht und gekocht, zum Beispiel weisse Bohnen, Sojabohnen, Kichererbsen, Erbsen, Linsen
- Keimlinge, nach Vorschrift gekeimt, zum Beispiel Weizenkeime, Sprossen von Sojabohnen, Linsen, Luzerne, Kresse
- Mixed Pickles, auch gemischt mit den eingelegten Pilzen von S. 56

**Tip:** Besonders gut schmeckt ein Salat aus Pilzen, Tomatenschnitzen und gewürfeltem Ziegen- oder Schafskäse mit der Sauce Nr. 2 von S. 14.

# Pilz-Spezialitäten

## Gefüllte Pilzhüte, im Backofen überbacken

*8–12 Hüte von jungen, aber schon grösseren fleischigen Pilzarten, zum Beispiel Champignons oder Röhrlinge*
*Salz*

Die Pilzhüte vorsichtig aushöhlen, salzen und in eine gefettete feuerfeste Form oder auf das Backblech setzen. Das herausgelöste Pilzfleisch fein hacken und mit einer der folgenden Variationen zur Füllung verarbeiten.

***Käse-Spinat-Füllung***
*1 kleine Zwiebel, fein gehackt*
*150 g tiefgefrorener Spinat, aufgetaut und abgetropft*
*1–2 Knoblauchzehen, durchgepresst*
*1 EL Butter*
*100 g Frischrahmkäse*
*1 EL Milch oder Sahne*
*Salz*
*Pfeffer*
*ausserdem: Butterflöckchen*
*Semmelbrösel*

Das herausgelöste Pilzfleisch, die Zwiebel, den Spinat und den Knoblauch in der Butter 5 Min. dünsten. Den Käse mit der Milch verrühren und unterheben. Mit Salz und Pfeffer abschmecken und in die vorbereiteten Pilzhüte füllen. Butterflöckchen aufsetzen und Semmelbrösel darüberstreuen. Im vorgeheizten Backofen bei 200 Grad etwa 15 Min. backen.

***Italienische Füllung***
*½ rote Paprikaschote, entkernt und fein gewürfelt*
*1 kleine Zwiebel, fein gehackt*
*1–2 Knoblauchzehen, durchgepresst*
*75 g geräucherter Schinken, fein gewürfelt*
*1 EL Butter*
*Salz*
*Pfeffer*
*½ TL Thymian*
*1 EL gemischte Kräuter (Salbei, Basilikum, Majoran oder Oregano), fein gehackt*
*1 Tomate, gebrüht, gehäutet und fein gewürfelt*
*ausserdem: Butterflöckchen*
*2 EL Parmesan, gerieben und vermischt mit 1 EL Semmelbrösel*

Das herausgelöste Pilzfleisch, die Paprikaschote, die Zwiebel, den Knoblauch und den Schinken in der Butter 5 Min. dünsten. Mit Salz und Pfeffer abschmekken, die Kräuter und die Tomate unterheben und in die vorbereiteten Pilzhüte füllen. Mit Butterflöckchen besetzen und mit der Parmesan-Semmelbrösel-Mischung bestreuen. Im vorgeheizten Backofen bei 200 Grad etwa 15 Min. backen.

## Gefüllte Pilzhüte, in der Pfanne bereitet

*½ Zwiebel, fein gehackt*
*1–2 Knoblauchzehen, durchgepresst*
*1 EL Butter*
*Salz*
*Pfeffer*
*100 g gekochter Schinken, fein gewürfelt*
*100 g Käse, fein gewürfelt*
*8 Pilzhüte, vorbereitet wie auf S. 17 beschrieben*
*etwas Fleischbrühe oder Weisswein*

Das herausgelöste Pilzfleisch, die Zwiebel und den Knoblauch in der Butter 5 Min. dünsten. Mit Salz und Pfeffer abschmekken, den Schinken und den Käse unterheben und in die vorbereiteten Pilzhüte füllen. Nebeneinander in eine Pfanne setzen, etwas Fleischbrühe angiessen und 5 Min. zugedeckt köcheln.
Die gefüllten Pilzhüte schmecken auch kalt mit einer der Saucen Nr. 4 bis 7 von S. 14/16.
**Abwandlung:** Die gefüllten Pilzhüte mit je einer Scheibe Käse überbacken.

## Sauerkraut mit Pilzen

*100 g durchwachsener Speck, in dünnen Scheiben*
*500 g Pilze, fein aufgeschnitten*
*500 g Sauerkraut*
*1–2 Zwiebeln, fein gehackt*
*125 ccm Weisswein*

Den Topfboden mit den Speckscheiben belegen und diese anbraten. Die restlichen Zutaten daraufgeben und bei milder Hitze in 25–30 Min. gar dünsten.

## Pilz-Gulasch

(siehe Bild Seite 19)

*100 g durchwachsener Speck, gewürfelt*
*1 Zwiebel, fein gehackt*
*700 g Mischpilze, fein aufgeschnitten*
*1 Paprikaschote, entkernt, in dünnen Streifen*
*1–2 kleine Zucchini, in Scheiben*
*3 Tomaten, gebrüht, gehäutet und gewürfelt*
*Salz*
*Pfeffer*
*1 TL Rosenpaprika*
*1 gestr. EL Mehl*
*100 ccm Sahne, süss oder sauer*

Den Speck auslassen und die Zwiebel im Speckfett glasig dünsten, mit der Paprikaschote ein Weilchen köcheln. Die Pilze, die Zucchini und die Tomaten zufügen und 8–10 Min. schmoren. Mit Salz und Pfeffer abschmecken und mit dem Rosenpaprika würzen. Das Mehl mit der Sahne verquirlen und unterrühren, noch einmal aufkochen.

*Pilz-Gulasch*
*(Rezept Seite 18)*

(Rezept Seite 18)

## Pilz-Pizza

***Teig:***
*400 g Mehl*
*½ Tasse lauwarmes Wasser*
*20 g Frischhefe*
*3 EL Öl*
*1 Msp. Salz*
***Belag:***
*150 g Käse, gerieben*
*1 Zwiebel, gehackt oder in Ringen*
*500 g Mischpilze, fein aufgeschnitten*
*4 Tomaten, in dünnen Scheiben*
*1 Paprikaschote, entkernt, in feinen Streifen oder Ringen*
*Salz*
*½ TL Thymian*
*1 EL Majoran oder Oregano, fein gehackt*
*1 EL Öl*

Aus den Teigzutaten einen geschmeidigen Hefeteig bereiten. Nach dem 2. Gehenlassen ausrollen und auf ein gefettetes Blech geben. Die Hälfte des Käses daraufstreuen, die Zwiebel, die Pilze, die Tomaten und die Paprikaschote gleichmässig auf dem Pizzaboden verteilen und leicht salzen. Mit den Kräutern und dem restlichen Käse bestreuen und das Öl darüberträufeln. Im vorgeheizten Backofen bei 220 Grad 25–30 Min. backen.

## Pilze in Ausbackteig

*600 g Pilze, kleine unzerteilt, die anderen in mundgerechten Stücken*
***Teig:***
*100 g Mehl*
*½ TL Salz*
*125 ccm Bier oder Wasser*
*2 Eier*
*ausserdem: Ausbackfett*

Aus den Teigzutaten einen dickflüssigen Teig bereiten. Die Pilze gründlich trockentupfen, am besten gar nicht erst waschen. Das Ausbackfett erhitzen, die Pilzstücke jeweils in den Teig tauchen und in dem Fett goldbraun backen.

**Abwandlung:** Wer es gesellig liebt, bereitet einige passende Saucen oder die Käse-Dips von S. 52 und lädt liebe Freunde ein zum Pilzfondue, das nach dem vorstehenden Rezept am Tisch bereitet wird.

## Pilzfrikadellen mit Fisch

*300 g Fischfilet*
*300 g Pilze, fein gehackt*
*1 Ei*
*1 Brötchen, in Milch eingeweicht und ausgedrückt*
*2 EL Petersilie, fein gehackt*
*½ Zitrone, Saft*
*Salz*
*Pfeffer*
***Zum Panieren:***
*1 Ei, verquirlt*
*Semmelbrösel, mit 1 EL gehackter Petersilie gemischt*
*ausserdem: Bratfett*

Das Fischfilet durch den Fleischwolf drehen, mit den restlichen Zutaten vermischen und mit Salz und Pfeffer abschmekken. Aus der Masse Frikadellen formen und in dem verquirlten Ei, dann in der Semmelbrösel-Kräuter-Mischung wenden. Im Bratfett von beiden Seiten langsam braun braten. Dazu passt auch hervorragend die Mischpilz-Sahnesauce von S. 27.

**Abwandlung:** Statt mit Fischfilet können diese Frikadellen auch mit Hühner- oder Putenfleisch bereitet werden.

# Gerichte mit geschmorten Pilzen

## Grundrezept für geschmorte Pilze

(siehe Bild Seite 22)

*100 g Speck, gewürfelt, oder 3 EL Öl, Schmalz oder Butter*
*2 Zwiebeln, fein gehackt*
*800 g Mischpilze, fein aufgeschnitten*
*1 gestr. TL Salz*
*Pfeffer*

Den Speck auslassen und die Zwiebeln im Speckfett glasig dünsten. Die Pilze zugeben und bei grosser Hitze die austretende Flüssigkeit in 10–15 Min. verschmoren lassen. Mit Salz und Pfeffer abschmecken.

### Feine Varianten zum Grundrezept

Das Grundrezept lässt sich auf vielerlei Art verfeinern:

- mit den Zwiebeln zusammen Knoblauchzehen andünsten
- etwas Weiss- oder Rotwein, Sherry, Madeira oder Fleischbrühe zugeben
- Sahne unter die geschmorten Pilze rühren
- Butterflöckchen auf den garen Pilzen zerlaufen lassen
- das fertige Gericht mit gehackter Petersilie oder fein gewiegten gemischten Kräutern bestreuen
- auf den geschmorten Pilzen Käsescheibletten schmelzen oder einige Ecken Schmelzkäse in die Masse rühren und zergehen lassen

### Gekonnte Ergänzungen

Reichen die gesammelten Pilze für eine Mahlzeit nicht aus, füllen Sie die geschmorten Pilze auf

- mit gekochtem Hühner- oder Putenfleisch, gewürfelt
- mit Resten von gegartem Wild oder Fleisch aller Art, kleingeschnitten
- mit rohem oder gekochtem Schinken, in Streifen geschnitten
- mit Krabben oder Muscheln, im eigenen Sud gegart
- mit gekochtem Gemüse, zum Beispiel Blumenkohl, Zucchini, Broccoli, Schwarzwurzeln, Kohlrabi, Sellerie, Rosenkohl, Paprika, Grüne Bohnen, Erbsen

*Aus geschmorten Mischpilzen*
*lassen sich die leckersten Gerichte zubereiten*
*(Grundrezept Seite 21)*

## Mischpilze mit Blumenkohl

*1 grösserer Blumenkohl, in Röschen zerlegt*
*400 g Pilze, nach dem Grundrezept geschmort*
*1 Fleischbrühwürfel und 200–250 ccm Wasser oder dieselbe Menge Fleischbrühe*
*½ Zitrone, Saft*
*Salz*
*Pfeffer*
*4 EL saure Sahne oder Crème fraîche*
*2 EL Petersilie, gehackt*

Die Blumenkohlröschen im Wasser fast gar kochen, herausheben und zu den geschmorten Pilzen geben. Den Brühwürfel im Blumenkohlkochwasser auflösen und den Sud in der Pilz-Blumenkohl-Masse etwas verkochen lassen. Mit dem Zitronensaft, dem Salz und dem Pfeffer abschmecken, die saure Sahne unterrühren und mit der Petersilie bestreuen.
Sollte der Kochsud zu dünnflüssig sein, etwas Mehl in Milch verrühren und ihn damit zu einem Sösschen andicken.

## Mischpilze mit Tomaten

*500 g Tomaten*
*300 g Pilze, nach dem Grundrezept geschmort*
*Salz*
*Pfeffer*
*½ TL Zucker*
*1 Msp. Rosenpaprika*
*2–3 Tropfen Tabascosauce*
*1 TL frischer Oregano oder Majoran, fein gehackt*

Die Tomaten brühen, häuten und grob zerkleinern. Zu den geschmorten Pilzen geben, mit Salz und Pfeffer würzen, die restlichen Zutaten unterrühren und noch 5 Min. bei schwacher Hitze garen.

**Beilagen zu geschmorten Pilzen**
Mit einer der folgenden Beilagen ergeben die Schmorpilze eine komplette Mahlzeit:
- Reis; wer gern etwas fürs Auge hat, richtet die Pilze im Reisrand an
- Nudeln, am besten die spiraligen, an denen die Sauce so schön haftet
- Bratwürste (siehe Bild Seite 24)
- Kartoffelbrei
- Kartoffelkroketten
- Rösti
- Bratkartoffeln
- Rührei
- noch üppiger wird es, wenn das Rührei mit den Pilzen auf Scheiben von Leberkäse gehäuft wird (siehe Bild Seite 50)
- in Eierkuchen gewickelt
- in Omeletten gefüllt (siehe Bild Seite 25)
- mit Kartoffel-, Semmel- oder Griessklössen
- mit Spätzle, die mit Kräutern oder Käse hergestellt sein dürfen
- in Pasteten gefüllt
- auf Toastbrot, mit Käsescheibletten überbacken (siehe Bild Seite 26)

*Mit Bratwürsten*
*ergeben Schmorpilze eine komplette Mahlzeit*
*(siehe Seite 23)*

*Je nach Füllung*
*überrascht die Omelette immer wieder mit neuem Geschmack*
*(siehe Seite 23)*

*Pilztoast, mit Käse überbacken*
*(siehe Seite 23)*

## Pilzsuppe

*300–400 g Pilze, nach dem Grundrezept geschmort*
*350 ccm Gemüse- oder Fleischbrühe*
*Salz und Pfeffer*

Die geschmorten Pilze mit der Brühe auffüllen, noch einmal aufkochen und erneut mit Salz und Pfeffer abschmecken.

**Abwandlung:** Die Suppe kann nach Geschmack mit gehackten Kräutern, einem Schuss Sherry, Rotwein oder saurer Sahne verändert werden.

Als Einlage eignen sich in Butter geröstete Weissbrotwürfel, Hackfleischbällchen, Schwemm- oder Kräuterklösschen.

## Pilzcremesuppe

(siehe Bild Seite 28)

*250–300 g Pilze, nach dem Grundrezept geschmort*
*1 gestr. EL Mehl*
*375 ccm Gemüse- oder Fleischbrühe*
*1 Eigelb*
*4 EL Sahne*
*Salz*
*Pfeffer*
*2 EL Butter*
*1 EL Petersilie, gehackt*
*etwas Muskatnuss, gerieben*

Die geschmorten Pilze mit dem Mehl bestäuben und umrühren. Die Brühe angiessen, etwas köcheln und die Hitze abschalten. Das Eigelb mit der Sahne verquirlen und die Suppe damit legieren, dann nicht mehr kochen, damit das Ei nicht gerinnt. Mit Salz und Pfeffer abschmecken und die Butter in der Suppe zergehen lassen. Die Petersilie und eine Prise Muskatnuss darüberstreuen.

## Mischpilz-Sahnesauce

*500 g Mischpilze, nach dem Grundrezept geschmort*
*1 gestr. EL Mehl*
*125 ccm Sahne*
*1 EL Dill, gehackt*
*etwas Muskatnuss, gerieben*
*1 Eigelb*
*1 EL Milch*

Die geschmorten Pilze mit dem Mehl bestäuben und umrühren. Die Sahne, den Dill und eine Prise Muskatnuss zufügen und unter gelegentlichem Rühren 2–3 Min. dünsten, dann die Hitze abschalten. Das Eigelb mit der Milch verquirlen und die Sauce damit legieren.

Sie passt zu jeder Fleischart und besonders gut zu Fisch und zu den Pilzfrikadellen mit Fisch von S. 20.

### Schmorpilzreste als Einlage in Suppen und Saucen

Reste oder kleinere Mengen von Schmorpilzen eignen sich vorzüglich zur Einlage in Kartoffelsuppe, Gemüsesuppen, Eintöpfe und Fleischsaucen.

### Mischpilz-Bratensauce

Geschmorte Pilze, im Bratfond von Fleisch, Frikadellen oder Wild gewendet und mit etwas Sahne verrührt, ergeben eine zum Gericht geschmacklich genau passende Sauce.

*Pilzcremesuppe*
*(Rezept Seite 27)*

## Mischpilzauflauf mit Nudeln

*250 g Pilze, nach dem Grundrezept geschmort*
*250 g Nudeln, gekocht*
*150 ccm saure Sahne oder süsse Sahne, mit*
*100 g geriebenem Käse verrührt*
*3 Eigelb*
*1 EL Petersilie, gehackt*
*1 Prise Salz*
*3 Eischnee*

Die geschmorten Pilze mit den Nudeln vermischen und in eine gefettete Auflaufform geben. Die saure Sahne mit den Eigelben, der Petersilie und dem Salz verrühren, den Eischnee unterheben und die Masse über die Pilz-Nudel-Mischung giessen. Im vorgeheizten Backofen bei 180 Grad hellbraun backen.
**Abwandlung:** Den Auflauf kann man auch mit gekochtem Reis oder Pellkartoffelscheiben bereiten und Krabben, gekochte Fleisch- oder Geflügelreste, Streifen von gekochtem Schinken und/oder gekochte Gemüsereste zufügen.

## Pilz-Spätzle

*500 g Mehl*
*300 g Pilze, nach dem Grundrezept geschmort und durch den Fleischwolf gedreht*
*4 Eier*
*2–3 EL Petersilie oder gemischte Kräuter, gehackt*
*Salz, Pfeffer*

Die Zutaten miteinander verrühren und den Teig schlagen, bis er Blasen wirft. 15–20 Min. ruhen lassen. Dann als Spätzle in leicht gesalzenes, mit 1 EL Öl versehenes kochendes Wasser geben. Ziehen lassen, bis die Spätzle an der Oberfläche schwimmen, herausheben und mit kaltem Wasser überspülen.
Die Pilz-Spätzle eignen sich als Einlage in Brühe oder auch in zerlassener Butter geschwenkt als Beilage zu Fleisch und Wild.

## Pilz-Spätzle als Auflauf

*Pilz-Spätzle nach dem vorangegangenen Rezept*
*200 g Käse, gerieben*
*125 ccm Milch oder Sahne*
*2 Eier*
*1–2 EL Petersilie*
*2–3 Zwiebeln, in Ringen gebraten*
*Butterflöckchen*

Eine feuerfeste Form mit einer Schicht Pilz-Spätzle füllen, geriebenen Käse nach Geschmack darüberstreuen, wieder eine Lage Spätzle, dann geriebener Käse usw., zum Schluss eine Schicht Spätzle. Die Milch mit den Eiern und der Petersilie verquirlen und darübergiessen. Darauf die Zwiebelringe, den restlichen Käse und Butterflöckchen geben. Im vorgeheizten Backofen bei 180 Grad goldbraun backen.

*Serbischer Bohneneintopf mit Pilzen*
*(Rezept Seite 31)*

## Serbischer Bohneneintopf mit Pilzen

(siehe Bild Seite 30)

*½ Tasse getrocknete Bohnen*
*1 Tasse Wasser*
*300 g Mischpilze, nach dem Grundrezept geschmort*
*1 Bund Suppengrün, fein aufgeschnitten*
*1 Paprikaschote, entkernt, in Streifen*
*1 kleine Dose gehäutete Tomaten, grob zerteilt, mit der Flüssigkeit*
*250 ccm Fleischbrühe*
*½ TL Rosenpaprika*
*Salz, Pfeffer*
*150 g durchwachsener Speck, in grösseren Würfeln oder Streifen*

Die Bohnen im Wasser über Nacht einweichen. Dann mit dem Suppengrün und der Paprikaschote im Einweichwasser gar kochen. Die geschmorten Pilze, die Tomaten, die Brühe und das Paprikapulver zufügen, mit Salz und Pfeffer abschmekken und 5 Min. köcheln. Den Speck ausbraten und in den Eintopf geben.

**Abwandlung:** Dieser Eintopf schmeckt auch anstelle von Bohnen mit getrockneten Erbsen, Linsen oder Kichererbsen.

## Pilzragout mit Muscheln

*1 EL Butter*
*1 EL Mehl*
*je 100 ccm Fleischbrühe und Weisswein*
*500 g Mischpilze, nach dem Grundrezept geschmort*
*250 g Muschelfleisch*
*½ Zitrone, Saft*
*Salz*
*Pfeffer oder Zitronenpfeffer*
*3 EL Sahne*

Aus der Butter und dem Mehl eine Mehlschwitze bereiten. Mit der Brühe und dem Wein glattrühren, die geschmorten Pilze, das Muschelfleisch und den Zitronensaft zufügen. Mit Salz und Pfeffer abschmekken und einige Minuten köcheln. Zum Schluss die Sahne einrühren.

## Pilzklösschen

*2 trockene Brötchen*
*1 Tasse Milch, heiss*
*250 g fein gehackte Pilze, nach dem Grundrezept geschmort*
*1 Ei*
*1 EL Petersilie oder gemischte Kräuter, fein gehackt*
*Salz*

Die Brötchen in der Milch weichen lassen und ausdrücken. Dann mit den restlichen Zutaten gut vermengen, mit Salz abschmecken und kleine Klösschen formen. In kochendes Salzwasser geben und gar ziehen lassen, bis sie an der Oberfläche schwimmen.
Diese Pilzklösschen eignen sich besonders gut als Einlage in Suppen und Eintöpfe.

### Pilzknödel

Aus der gleichen Masse wie im vorigen Rezept zubereitet, 4 Klösse formen, in Salzwasser gar ziehen lassen und als Beilage zu Fleisch- und Wildgerichten reichen.

*Pilzfrikadellen, schön garniert erfreuen Auge und Gaumen*
*(Rezept Seite 33)*

**Pilzfrikadellen** (siehe Bild Seite 32)
Aus der gleichen Masse wie im Pilzklösschen-Rezept auf Seite 31 kleine Frikadellen formen, panieren und in heissem Fett von beiden Seiten goldbraun braten. Mit Kartoffelsalat oder Kartoffelpüree servieren.

## Ravioli mit Mischpilzfüllung

*250 g fein gehackte Mischpilze, nach dem Grundrezept geschmort*
***Für den Teig:***
*400 g Mehl*
*2 Eier*
*1 EL Öl*
*2 EL Wasser*
*ausserdem: 1 Eiweiss*
*3 EL Butter*
*1 EL Petersilie, gehackt*

Die Teigzutaten zu einem elastischen Teig verkneten. 1–2 Stunden ruhen lassen, dann messerrückendick ausrollen und in Vierecke von etwa 10×10 cm schneiden. Jeweils auf eine Hälfte 1 gehäuften EL Schmorpilze geben, die Teigränder mit Eiweiss bestreichen und mit einer Gabel fest andrücken. Die Ravioli in kochendes, mit 1 EL Öl versehenes Salzwasser legen und 10 Min. ziehen lassen.
In einem Pfännchen die Butter zergehen lassen und die Petersilie darin anbraten. Die fertigen Ravioli damit begiessen.
**Abwandlung:** Die Ravioli schmecken auch mit einer Tomatensauce serviert.
Pilz-Ravioli eignen sich sehr gut als Einlage in einer kräftigen Fleisch- oder Hühnerbrühe.

## Ravioli-Torte in der Springform

*1 Bund Suppengrün, fein aufgeschnitten*
*750 g Hühner- oder Putenfleisch, gewürfelt*
*Öl*
*125 ccm trockener Weisswein*
*3 EL Tomatenmark*
*Salz*
*Pfeffer*
*100 g Parmesankäse, gerieben*
*Ravioli, nach dem vorangegangenen Rezept gekocht*
***Für den Teig:***
*250 g Mehl*
*200 g Butter*
*2 Eigelb*
*1 Prise Salz*
*2–3 EL Wasser*
*ausserdem: 1 Eigelb zum Bepinseln*

Das Suppengrün und das Geflügelfleisch im Öl anbraten. Den Wein und das Tomatenmark zufügen, mit Salz und Pfeffer abschmecken und schmoren, bis das Fleisch gar ist. Die Sahne mit dem Käse verrühren und darübergiessen. Die Ravioli unterheben.
Aus den Teigzutaten einen Mürbeteig bereiten und ausrollen. Zwei Drittel des Teiges in die gefettete Springform geben und am Rand hochziehen. Die Geflügel-Ravioli-Masse darauffüllen und aus dem restlichen Teig eine Deckelplatte formen, auflegen und am Rand gut andrücken. Mit einer Gabel mehrfach durchstechen, damit die Luft abziehen kann, und mit dem Eigelb bepinseln. Im vorgeheizten Backofen bei 180 Grad in etwa 50–60 Min. goldgelb backen und warm servieren.

## Pilz-Paella

*300 g Hühner- oder Putenfleisch, gewürfelt*
*500 g Schweinekotelett oder -filet, gewürfelt*
*3–4 EL Öl*
*2 Zwiebeln, fein gehackt*
*1 rote Paprikaschote, entkernt, in Streifen*
*2 Knoblauchzehen, durchgepresst*
*2 EL Petersilie, gehackt*
*½ TL Rosenpaprika*
*1 Msp. Safranpulver oder einige Safranfäden*
*2 Tomaten, gebrüht, gehäutet und grob zerteilt*
*500 g Mischpilze, nach dem Grundrezept geschmort*
*300 g Reis (am besten parboiled Reis)*
*600 ccm kochendes Wasser*
*1–1½ TL Salz*
*⅓ TL Pfeffer*

In einer grossen Paella-Pfanne das Hühner- und Schweinefleisch im Öl gar schmoren. Die Zwiebeln, die Paprikaschote, den Knoblauch, 1 EL Petersilie, den Rosenpaprika und den Safran zufügen und kurz mitschmoren. Mit Salz und Pfeffer kräftig würzen. Die Tomaten und die Mischpilze unterrühren und alles kochend halten. Den Reis einstreuen, mit dem kochenden Wasser aufgiessen. Gar ziehen lassen, bis der Reis alle Flüssigkeit aufgesogen hat. Eventuell noch einmal mit Salz abschmecken. Mit der restlichen Petersilie bestreuen, die Paella mit einem Deckel oder Alufolie bedecken und vor dem Servieren 15–20 Min. ruhen lassen.
Dazu passt sehr gut ein spanischer Landwein.

## Pilztorte mit Guss

(siehe Bild Seite 35)

*1 Tortenboden aus Hefe- oder Mürbeteig*
*250 ccm saure Sahne*
*3 Eier*
*2 EL Mehl*
*1 TL Kümmel, gemahlen*
*Salz*
*1500–2000 g Pilze, nach dem Grundrezept sehr trocken geeschmort*

***Für den Guss:***
*125 ccm saure Sahne*
*1 Ei*
*1 TL Speisestärke*
*etwas Muskatnuss, gerieben*
*1 Prise Salz*

Den Tortenboden in der gefetteten Springform mit hochgezogenem Rand vorbacken. Die saure Sahne mit den Eiern, dem Mehl, dem Kümmel und einer Prise Salz verquirlen und unter die geschmorten Pilze rühren. Die Masse auf den Tortenboden geben und im vorgeheizten Backofen bei 180 Grad 45 Min. garen. Dann die Zutaten für den Guss miteinander verrühren, über die Torte giessen und goldbraun backen. Die fertige Pilztorte warm servieren.

*Eine Pilztorte ist immer*
*etwas Exquisites, besonders bei einem Gastmahl*
*(Rezept Seite 34)*

## Rouladen mit Pilzfüllung

*4 Scheiben Rouladenfleisch*
*Salz*
*Pfeffer*
*4 dünne Scheiben Schinken oder Schinkenspeck*
*300 g fein gehackte Pilze, nach dem Grundrezept geschmort*
*4 EL saure Sahne oder Crème fraîche,*
*etwas Schmalz oder Öl*
*250 ccm Fleischbrühe*
*3–4 Wacholderbeeren, zerdrückt*
*etwas Muskatnuss, gerieben*

Das Rouladenfleisch salzen und pfeffern und mit je einer Scheibe Schinken belegen. Den grössten Teil der geschmorten Pilze auf die Schinkenscheiben geben. Die Rouladen aufrollen und mit Faden, Holzstäbchen oder Klammern zusammenhalten. Im Schmalz rundherum anbraten. Die Brühe angiessen, mit den Wacholderbeeren und etwas Muskatnuss würzen und schmoren, bis die Rouladen gar sind. Die restlichen Pilze und die saure Sahne in die Sauce geben und mit Salz und Pfeffer abschmecken. Auf Wunsch kann die Sauce mit etwas Mehl, in Milch verrührt, angedickt werden.

# Gerichte mit Pilzhackfleisch

## Grundrezept für Pilzhackfleisch

*400 g Mischpilze, sehr fein gehackt oder durch den Fleischwolf gedreht*
*400 g Hackfleisch*
*2 Zwiebeln, fein gehackt*
*1 Ei*
*1 gestr. TL Salz*
*Pfeffer*
*eventuell Semmelbrösel*

Die Zutaten innig miteinander vermengen. Ist die Masse zu weich, Semmelbrösel zufügen.
Es dürfen auch mehr Mischpilze und weniger Hackfleisch sein – oder umgekehrt, je nach Pilzausbeute.

**Feine Varianten des Grundrezeptes**
Nach Belieben kann die obige Pilz-Hackfleisch-Mischung zusätzlich gewürzt werden mit

- fein gehackter Petersilie oder gemischten Kräutern
- durchgepressten Knoblauchzehen
- etwas Tomatenmark
- fein gewürfelten Sardellen
- ½ fein gehackten Paprikaschote und ½ TL Rosenpaprika und 1 Msp. Currypulver
- gehackten Kapern und 1 TL Senf
- zerdrückten grünen Pfefferkörnern und einem Schuss Sojasauce

Aus dieser Grundmasse lassen sich die nachfolgenden Rezepte bereiten.

## Pilzhackfleischsauce für Nudeln und Reis

*400 g Pilzhackfleisch, nach dem Grundrezept vorbereitet*
*Öl*
*2–3 Tomaten, gebrüht, gehäutet und grob zerteilt*
*250 ccm Fleischbrühe*
*Salz*
*½ TL Rosenpaprika*
*einige Tropfen Tabascosauce*
*1–2 Knoblauchzehen, durchgepresst*
*1 EL gemischte Kräuter, fein gehackt*
*2 EL Tomatenmark*
*3 EL Sahne*

Das Pilzhackfleisch im Öl anbraten, die Tomaten zugeben und kurz weiterbraten, die Fleischbrühe angiessen und die Gewürze zufügen. Etwa 10 Min. köcheln, zum Schluss die Sahne einrühren.

## Pilzfrikadellen

*800 g Pilzhackfleisch, nach dem Grundrezept vorbereitet und nach Ihrem Geschmack gewürzt*
*Bratfett*

Aus dem Pilzhackfleisch Frikadellen formen und im Bratfett von beiden Seiten braun braten. Diese Pilzfrikadellen können Sie für Hamburger, Cheese-Burger und andere Burger-Varianten verwenden.

## Schnelles Sösschen für die Frikadellen

Den Bratfond der Frikadellen mit 1 EL Mehl schwitzen, eine halbe Tasse Fleischbrühe oder Wein zugiessen und klümpchenfrei verrühren. Mit Salz und Pfeffer abschmecken, einige Nadeln Rosmarin und etwas Thymian oder Majoran kurz darin köcheln, zum Schluss etwas Sahne einrühren – fertig.

## Geflügelfüllung aus Pilzhackfleisch

500 g Pilzhackfleisch, nach dem Grundrezept vorbereitet und nach Ihrem Geschmack gewürzt, in eine ausgenommene, innen leicht gesalzene Poularde, Ente oder Gans füllen und mitgaren.

## Pilzhackfleisch-klösschen

400 g Pilzhackfleisch, nach dem Grundrezept vorbereitet und nach Ihrem Geschmack gewürzt, zu kleinen Klösschen formen und in Salzwasser garen. Als Suppen- oder Eintopfeinlage verwenden.
**Abwandlung:** Mit einer Kapernsauce wie «Königsberger Klopse» zu Salzkartoffeln servieren.

## Pilzhackfleisch als Teigwarenfüllung

Die Ravioli von S. 33 oder fertig gekaufte Cannelloni mit Pilzhackfleisch, nach dem Grundrezept vorbereitet und nach Ihrem Geschmack gewürzt, füllen und nach dem Garen mit einer pikanten Tomatensauce anrichten.

## Pilzhackbraten

800 g Pilzhackfleisch, nach dem Grundrezept vorbereitet und nach Ihrem Geschmack gewürzt.
Aus der Pilzhackfleischmasse einen länglichen Braten formen (ähnlich wie ein Kastenbrot) und in Alufolie einwickeln, damit der Braten zusammenhält. In einem Bräter im vorgeheizten Backofen bei 200 Grad etwa 50–60 Min. garen. Aus dem austretenden Sud eine Sauce bereiten.

## Pilzhackbraten im Brotteigmantel

(siehe Bild Seite 39)

***Für den Teig:***
*500 g Weizenmehl*
*40 g Frischhefe*
*oder 1 TL Trockenhefe*
*etwa 250 ccm lauwarme Milch*
*1 TL Salz*
*1 TL Zucker*
*25 g Butter*
*1 Ei*
***Füllung:***
*500 g Pilzhackfleisch, nach dem Grundrezept vorbereitet und nach Ihrem Geschmack gewürzt*
***Zum Bestreichen:***
*1 Eigelb mit 2 EL Milch verquirlt*

Aus den Teigzutaten einen festen Hefeteig bereiten – er soll zum Schluss weder an den Händen noch an der Arbeitsplatte kleben. Zur Kugel formen, mit etwas Mehl

*Pilzhackbraten im Brotteigmantel.*
*So wird der Teig für das Flechten zugeschnitten.*
*(Rezept Seite 38)*

bestäuben und zugedeckt an einem warmen Ort gehen lassen. Hat sich der Teig verdoppelt, nochmals durchkneten und dann länglichrund ausrollen. Die Pilzhackfleischmasse auflegen wie auf dem Foto auf S. 39 gezeigt und die Ränder gemäss dem Foto einschneiden. Die Ober- und die Unterkante des überstehenden Teiges zuerst einschlagen, dann die Seitenstreifen abwechselnd darüberlegen. Nochmals etwas gehen lassen, mit dem verquirlten Eigelb bestreichen und im vorgeheizten Backofen bei 200 Grad in 40–45 Min. goldbraun backen.

## Pilzhackfleisch, von Kohl umhüllt

*1 Kohlkopf*
*600–800 g Pilzhackfleisch, nach dem Grundrezept vorbereitet und nach Ihrem Geschmack gewürzt*
*2 Eier*

Den Kohlkopf in reichlich kochendes Salzwasser geben und dann 8–10 Min. ziehen lassen, herausheben und die Blätter ablösen. Das Pilzhackfleisch mit den Eiern und dem feingehackten Kohlstrunk vermischen. Eine gefettete Form mit einer Lage Kohlblättern auslegen und diese an den Rändern überhängen lassen. Eine Schicht Pilzhackfleisch einfüllen und andrücken, dann Kohlblätter darauflegen, wieder Pilzhackfleisch, zum Schluss eine Lage Kohlblätter und dann die überhängenden Kohlblätter darüberschlagen. Im vorgeheizten Backofen bei 180 Grad in 55–60 Min. garen.
Oder die Kohlblätter und die Pilzhackfleischmasse wie oben beschrieben in eine gefettete Puddingform geben, den Deckel schliessen und im Wasserbad in etwa 70 Min. garen.
Dazu eine Bechamel- oder Tomatensauce und Salzkartoffeln.
**Abwandlung:** Aus den gleichen Zutaten lassen sich auch Kohlrouladen bereiten.

# Spezialgerichte für einzelne Pilzarten

## Exotischer Salat mit Rötlichem Gallerttrichter

(siehe Bild Seite 42)

*10–12 Rötliche Gallerttrichter, roh, in Streifen*
*1 rosa Grapefruit und*
*1 gelbe Grapefruit, filetiert und das Fruchtfleisch gewürfelt*
*einige grüne oder blaue Weintrauben*
***Sauce:***
*4 EL Honig*
*1 Zitrone, Saft*
*1–2 EL Grand Marnier*
*ausserdem: 2 EL Mandelblättchen*

Die Salatzutaten mischen. Die Saucenzutaten miteinander verrühren und darübergiessen. Mit den Mandelblättchen bestreuen und im Kühlschrank 1–2 Stunden durchziehen lassen.

## Salat mit Blasigem Becherling

(siehe Bild Seite 43)

*200–250 g Blasiger Becherling, grob zerteilt*
*1 kleine Zwiebel, gehackt*
*1 Knoblauchzehe, durchgepresst*
*1 Tomate, halbiert, in dünnen Scheiben*
*½ rote Paprikaschote, entkernt, in feinen Streifen*
*1 EL Schnittlauch, fein aufgeschnitten*
*je 1 EL Essig und Öl*
*Salz, Pfeffer und 1 Msp. Zucker*

Die Pilze in ganz wenig Wasser einmal aufkochen, auf ein Sieb geben und mit kaltem Wasser abspülen und abtropfen lassen. Dann mit den restlichen Zutaten gut vermischen, mit Salz und Pfeffer abschmecken und 2–3 Stunden im Kühlschrank durchziehen lassen.

**Abwandlung:** Der Kastanienbraune Becherling ist für das gleiche Rezept verwendbar – oder beide Becherlingsarten gemischt.

## Spezialsalat aus Becherlingen und Gallertpilzen

*300–400 g Pilze: Orangebecherling, Kastanienbrauner Becherling, Blasiger Becherling, Gallertstacheling, Rötlicher Gallerttrichter, alle grob zerteilt*
***Sauce:***
*4 EL Ananassaft*
*3 EL Zucker*
*½ Zwiebel, fein gehackt*
*2 Ananasringe (Dose), in kleinen Stücken*
*3 EL Obstessig*
*1 Msp. Cayennepfeffer*
*Salz*

Die Pilze in ganz wenig Wasser einmal aufkochen, auf ein Sieb geben, mit kaltem Wasser abspülen und abtropfen lassen. Den Ananassaft erhitzen und den Zucker darin auflösen. Die restlichen Zutaten zu-

*Exotischer Salat mit Rötlichem Gallerttrichter*
*(Rezept Seite 41)*

*Salat mit Blasigem Becherling*
*(Rezept Seite 41)*

fügen und bei milder Hitze kochen, bis die Zwiebel weich ist. Heiss über die Pilze geben und 1–2 Stunden durchziehen lassen.

**Abwandlung:** Statt fruchtiger Sauce eine der Saucen Nr. 4 bis 7 von S. 14/16 bereiten und unter die warmen Pilze heben.

## Roter Salat mit Samtfusskremplingen

*250–300 g Samtfusskremplinge, fein aufgeschnitten*
*200 ccm saure Sahne*
*3 EL Mayonnaise*
*2 Äpfel, geschält, entkernt und gewürfelt*
*1 rote Rübe (rote Bete, Rande), gekocht, geschält und gewürfelt*
*1 Zwiebel, fein gehackt*
*2 Gewürzgurken, gewürfelt*
*300 g Pellkartoffeln, gekocht und gewürfelt*
*2 EL Walnuss(Baumnuss)kerne, gehackt*
*Salz*
*Pfeffer*
*Zucker*
*Essig*

Die Pilze in wenig Wasser 5 Min. kochen, auf ein Sieb geben, mit kaltem Wasser abspülen und abtropfen lassen. Die saure Sahne mit der Mayonnaise verrühren und zusammen mit den anderen Zutaten unter die Pilze heben. Mit Salz, Pfeffer, Zucker und eventuell etwas Essig abschmecken. Im Kühlschrank 3–4 Stunden durchziehen lassen.

## Morchelragout, in Pasteten gefüllt

(siehe Bild Seite 45)

*500 g Hühner, Puten- oder Kalbfleisch*
*500 ccm Wasser*
*½ TL Salz*
*400–500 g Morcheln, grob zerteilt*
*2 EL Butter*
*2 gestr. EL Mehl*
*1 Zitrone, Saft*
*3–4 EL Weisswein*
*Salz*
*Pfeffer*
*100 ccm Sahne*
*4 Blätterteigpasteten (fertig gekauft)*

Das Fleisch im Wasser mit dem Salz garen, herausheben und in kleinere Würfel schneiden. Die Morcheln im Fleischkochwasser 10 Min. köcheln, dann auf einem Sieb abtropfen. Aus der Butter und dem Mehl eine helle Mehlschwitze bereiten, mit dem Kochsud glattrühren. Den Zitronensaft und den Wein zufügen, mit Salz und Pfeffer abschmecken. Die Morcheln und das Fleisch hineingeben und noch 5 Min. ziehen lassen. Zum Schluss die Sahne unterrühren. Die Pasteten nach Vorschrift erhitzen und das Morchelragout einfüllen.

Wer will, würzt das Ragout am Tisch mit einigen Spritzern Worcestersauce.

*Morchelragout, in Pastete gefüllt*
*(Rezept Seite 44)*

## Exquisite Morchelsauce

*1 kleine Zwiebel, fein gehackt*
*einige Morcheln, grob gehackt*
*1 EL Butter*
*3–4 EL Weisswein*
*150 ccm Fleischbrühe*
*1 Msp. Thymian*
*75 g Lachsschinken, fein gewürfelt*
*3 EL Crème fraîche*
*Salz*
*Pfeffer*

Die Zwiebeln und die Morcheln in der Butter einige Minuten dünsten. Den Wein und die Fleischbrühe zugiessen und etwas einkochen. Die restlichen Zutaten unterrühren und mit Salz und Pfeffer abschmecken.

## Pfifferlinge mit Rührei

(siehe Bild Seite 47)

*500–700 g Pfifferlinge,*
*fein aufgeschnitten*
*2 Zwiebeln, fein gehackt*
*2 EL Öl*
*Salz*
*Pfeffer*
*6 Eier*
*3 EL Sahne*
*½ TL Salz*
*1 EL Petersilie, gehackt*

Die Pilze und die Zwiebeln im Öl bei grosser Hitze in etwa 15 Min. gar schmoren. Mit Salz und Pfeffer abschmecken. Die Eier mit der Sahne, ½ TL Salz und der Petersilie verquirlen, über die Pfifferlinge geben und stocken lassen.

## Paprikaschoten, raffiniert gefüllt

*4 grosse, gleichmässig gewachsene*
*Paprikaschoten, rot oder gelb*
*etwas Wasser*
*Salz*
***Füllung:***
*Pfifferlinge mit Rührei nach dem*
*vorhergehenden Rezept*

Von den Paprikaschoten jeweils einen Deckel am Stielansatzende abschneiden, die Kerne entfernen und die Schoten innen leicht salzen. Im Wasser in etwa 10 Min. weich dünsten. Die Pfifferling-Rührei-Masse einfüllen und mit einer passenden Sauce auf Reis servieren.

## Trüffelbutter

*100 g Butter, weich*
*1–2 kleine Trüffeln, fein gerieben*
*1 Eigelb*
*1 TL Madeira oder Sherry*
*1 Prise Salz*
*1 Prise Pfeffer*

Die Zutaten innig vermengen und die Trüffelbutter im Kühlschrank erkalten lassen.
Auf getoastetem Weissbrot servieren oder auf gebratenem Fleisch zerlaufen lassen.

*Pfifferlinge mit Rührei*
*(Rezept Seite 46)*

## Schopftintlings-Spezial

(siehe Bild Seite 49)

*500–700 g ganz junge Schopftintlinge*
*2 EL Butter*
*Salz*
*Pfeffer*

Die Pilze in der Butter 5 Min. dünsten und mit Salz und Pfeffer würzen. So zubereitet, lassen sich die Schopftintlinge hervorragend zu den nachfolgenden Rezepten weiterverarbeiten.

## Schopftintlinge mit Sesam und Schinken

*3–4 EL Sesamsamen*
*3 EL Butter*
*Rohschinken, luftgetrockneter Schinken oder Bündnerfleisch*

Die Sesamsamen in der Butter goldbraun braten. Auf einer Platte die Schopftintlinge, nach dem vorangegangenen Rezept zubereitet, und den Schinken anrichten und die Sesamsamen über die Pilze geben.

## Schopftintlinge, mit Käse überbacken

Die zubereiteten Schopftintlinge mit Rührei statt Käse oder auf dicken Scheiben Leberkäse, paniert gebratener Hühner- oder Putenbrust oder Wiener Schnitzel verteilen, mit Käsescheiben überbakken, bis der Käse zerlaufen ist.

**Abwandlung:** Die Pilze schmecken auch «fleischlos» auf getoastetem Weissbrot verteilt und mit Käse überbacken.

*Aus jungen, gedünsteten Schopftintlingen*
*lassen sich verschiedene schmackhafte Gerichte zubereiten.*
*(siehe Seite 48)*

*Geschmorte Mischpilze*
*mit Rührei auf Leberkäse-Scheiben gehäuft*
*(Rezept Seite 23)*

# Rezepte für Pilzarten, die besonders zum Braten, Fritieren und Grillen geeignet sind

**Liste der Pilzarten, die für die Rezepte dieses Kapitels (Seiten 52–54) geeignet sind**

Blutreizker, Südlicher
*Lactarius sanguifluus*
Fichtenreizker
*Lactarius deterrimus*
Flaschenbovist
*Lycoperdon perlatum*
Hasenbovist
*Calvatia utriformis*
Lachsreizker
*Lactarius salmonicolor*
Milchbrätling
*Lactarius volemus*
Parasol
*Macrolepiota procera*
Pfeffermilchling
*Lactarius piperatus*
Porling, Schuppiger
*Polyporus squamosus*
Reizker, Echter
*Lactarius deliciosus*
Safranschirmling
*Macrolepiota rhacodes*
Schwefelporling
*Laetiporus sulphureus*

**Hinweis:**

Die Pilze werden möglichst nicht gewaschen, sondern nur sehr sauber geputzt, damit das Bratfett nicht spritzt.

## Paniert gebratene Pilze

(siehe Bild Seite 53)

*Pilzhüte (Blutreizker, Parasol, Safranschirmling) oder dickere Scheiben von geschälten jungen Bovisten, Schwefelporling oder Schuppigem Porling*
*Salz*
*Pfeffer*
*Mehl*
*2 Eier, verquirlt*
*Semmelbrösel*
*Bratfett*

Die Pilzhüte salzen und pfeffern, erst im Mehl, dann in den verquirlten Eiern und in den Semmelbröseln wenden. Im heissen Fett bei milder Hitze von beiden Seiten braun braten.

**Abwandlung:** Die Semmelbrösel zum Panieren mit gehackter Petersilie, geriebenen Mandeln oder Nüssen oder mit Sesamsamen vermischen. So schmecken die panierten Pilze jedesmal auf andere Weise gut.

### Feine Varianten zum vorangegangenen Rezept

- auf den panierten Pilzen Würzbutter zerlaufen lassen
- die panierten Hüte mit Käsescheibletten überbacken
- mit einer der Saucen Nr. 4 bis 7 von S. 14/16 anrichten
- mit den nachfolgenden Käse-Dips servieren
- Die Pilzhüte nicht panieren, nur salzen und pfeffern und im heissen Bratfett von beiden Seiten braun braten. Entweder so gebraten essen oder mit einer der Saucen Nr. 4 bis 7 von S. 14/16 auf Toastbrot servieren.

## Käse-Dips

*Grundmasse:*
*150 g Käse, gewürfelt*
*2 Eier*
*6–7 EL Milch oder Sahne*

Die Zutaten im Mixer zu einer glatten Masse pürieren und dann wie folgt würzen:

***1)*** *3 EL Käse-Dip, 1 EL Essig, 1 Gewürzgurke, fein gehackt*
***2)*** *3 EL Käse-Dip, 2 EL Crème fraîche oder Joghurt, 1 TL Senf, 1–2 Tropfen Tabascosauce*
***3)*** *3 EL Käse-Dip, 1 EL Weisswein, 1 EL Kapern, fein gehackt*
***4)*** *3 EL Käse-Dip, 2 EL Sahne, 1 EL Meerrettich, gerieben*
***5)*** *3 EL Käse-Dip, 1 EL Essig, 2 EL gemischte Kräuter, fein gehackt, 1 TL Zwiebel, fein gehackt, nach Geschmack etwas Knoblauch*

Es gibt noch viele Varianten für diese Käse-Dips, experimentieren Sie selbst einmal!

## Blutreizker gegrillt

*Blutreizkerhüte*
*Salz*
*Öl*
*Knoblauchzehen, fein gehackt*

Die Pilzhüte salzen und nebeneinander auf einen Grillrost legen. Ein Weilchen mit den Lamellen nach unten grillen, dann umwenden. Mit dem Öl beträufeln, den Knoblauch darüberstreuen und gar grillen.

*Blutreizker paniert gebraten*
*(Rezept Seite 52)*

Als einzige unter den nur zum Braten geeigneten Pilzen schmecken die Blutreizker auch wie folgt zubereitet:

## Blutreizker-Suppe

*1 Zwiebel, fein gehackt*
*2 EL Butter*
*300–400 g Blutreizker, fein aufgeschnitten*
*1–2 Knoblauchzehen, durchgepresst*
*1 gestr. EL Mehl*
*400 ccm Fleischbrühe*
*2 Tomaten, gebrüht, gehäutet und grob zerteilt*
*Salz*
*Pfeffer*
*2 EL gemischte Kräuter, fein gehackt*

Die Zwiebel in der Butter glasig dünsten, die Pilze und den Knoblauch zufügen und bei grosser Hitze 2–3 Min. schmoren. Das Mehl darüberstäuben und unterrühren, die Fleischbrühe angiessen, die Tomaten zugeben und 5 Min. köcheln. Mit Salz und Pfeffer abschmecken und die Kräuter unterrühren.

## Blutreizkergemüse spanisch

*1 Zwiebel, fein gehackt*
*2 EL Butter*
*600–700 g Blutreizker, fein aufgeschnitten*
*1 EL Mehl*
*125 ccm Rotwein, es darf ein spanischer sein*
*1 EL Tomatenmark*
*5 Wacholderbeeren*
*Salz, Pfeffer*

Die Zwiebel in der Butter glasig dünsten. Die Pilze zufügen und bei grosser Hitze 3 Min. schmoren. Das Mehl darüberstäuben und unterrühren, den Wein angiessen und das Tomatenmark und die Wacholderbeeren zufügen. Mit Salz und Pfeffer abschmecken und 8–10 Min. köcheln.

## Schwefelporling in Ausbackteig mit süss-saurer Sauce

Mundgerechte Stücke von Schwefelporling nach dem Rezept von S. 20 in heissem Fett ausbacken.

***Sauce:***
*2 EL Speisestärke*
*1 kleine Dose Bambussprossen, abgetropft, in feinen Streifen*
*1 EL Essig*
*1 EL Öl*
*Ananassaft aus der Dose*
*1 kleine Dose Ananas, in Stücken*
*3 EL Tomatenketchup*
*2 EL Sojasauce*
*1 Msp. Ingwerpulver*
*1 Msp. oder mehr Cayennepfeffer*
*½ TL Nelkenpfeffer (Piment)*
*2 EL Zucker*
*Salz*

Die Speisestärke mit wenig Wasser glattrühren. Die Bambussprossen im Öl 2 Min. braten. Den Ananassaft zugiessen, mit der Speisestärke binden, die restlichen Zutaten unterrühren und 10 Min. köcheln. Die Sauce soll pikant süss-sauer und nach Geschmack scharf schmecken. Dazu Reis und chinesischer Tee oder warmer Reiswein.

# Die einfachsten Methoden der Haltbarmachung

## Eingelegte Pilze

(siehe Bild Seite 57)

*Haltbarkeit: 4–6 Wochen im Kühlschrank*

*1000 g Pilze in mundgerechten Stücken; es sollten fleischige Arten sein, die Wasser aufsaugen, aber nicht schleimig werden (also zum Beispiel keine Röhrlinge)*
*2 Zwiebeln, in Ringen*
*500 ccm Essig*
*2 EL Zucker*
*1 EL Salz*
*1 EL Pfefferkörner*
*5–6 Gewürznelken*
*2 EL Senfkörner*
*1 EL Pimentkörner*
*2–3 Lorbeerblätter*

Die Pilze in wenig Wasser einmal aufkochen, auf ein Sieb geben, mit kaltem Wasser abspülen und abtropfen lassen. Den Kochsud anderweitig verwenden. Die Pilzstücke abwechselnd mit den Zwiebeln in ein geeignetes Gefäss geben. Den Essig mit den restlichen Zutaten kurz durchkochen und heiss über die Pilze giessen. Sie sollen vom Sud gut bedeckt sein, sonst noch etwas Essig, mit Wasser vermischt, zufügen.

**Abwandlung:** Statt der Gewürznelken einige ganze Knoblauchzehen oder Würfel von frischem Meerrettich beigeben.

***Anregungen zur Verwendung der eingelegten Pilze***

***1)*** Sülze mit eingelegten Pilzen, Rezept siehe S. 63
***2)*** statt Samtfusskrempling in den Roten Salat von S. 44 geben
***3)*** eingelegte Pilze abtropfen lassen, in Streifen schneiden und mit einer der Saucen von S. 14/16 als Salat anrichten
***4)*** zusammen mit etwas von dem Würzsud als pikante Einlage im Kartoffelsalat
***5)*** als Beilage zu kalten Platten, Brat- und Grillfleisch

## Pilze einfrieren

*Haltbarkeit: bis zu einem Jahr*

**Hinweis:**
Pfifferlinge und Trompetenpfifferlinge eignen sich nicht zum Einfrieren, weil sie dadurch zäh und bitter werden.
Die optimale Methode der Haltbarmachung ist das Einfrieren der Pilze. Vorbereitet in wenig Öl kurz geschmort und nach dem Auskühlen eingefroren, tritt überhaupt kein Aromaverlust ein. Viele verschiedene Arten gemischt oder auch einzelne, besonders gute Pilzarten allein, schmecken nach dem Auftauen wie frisch geerntet. Sie eignen sich für fast alle Rezepte in diesem Buch.

*In Essig eingelegte Pilze*
*(Rezept Seite 56)*

*Pilze lassen sich auf verschiedene Weise haltbar machen*
*(Die einfachsten Methoden siehe Seiten 56 und 59)*

## Pilze trocknen

*Haltbarkeit: 1–2 Jahre*

Die Pilze gründlich säubern, ohne sie zu waschen, und in dickere Scheiben schneiden. Nebeneinander auf Packpapier oder einem Drahtgitter ausbreiten und raschel-trocken werden lassen (auf der Heizung, an einem luftigen, warmen Plätzchen). Dann in einem verschliessbaren Gefäss aufbewahren.

Besonders gute Würzeigenschaften haben die nachfolgend aufgeführten Pilzarten, die Sie jeweils getrennt trocknen und aufbewahren sollten, damit Sie nach Bedarf ein bestimmtes Aroma zur Hand haben.

**Herbsttrompete** *(Craterellus cornucopioides)*, schmeckt besonders fein und kräftig nach «Pilz».

**Maggipilz** *(Lactarius helvus)*, schmeckt nach Maggiwürze. Der Pilz ist in Mengen genossen schwach giftig, aber die zum Würzen verwendeten Mengen davon sind unbedenklich.

**Knoblauchschwindling** *(Marasmius scorodonius)*, Geschmack nach Knoblauch.

**Saitenstieliger Knoblauchschwindling** *(Marasmius alliaceus)*, Geschmack stark nach Knoblauch.

*Knoblauchöl*
*(Rezept Seite 61)*

# Rezepte mit Trockenpilzen

## Pilzpulver

Die rascheltrockenen Pilze zu Pulver zermahlen, zum Beispiel in der Kaffeemühle, und in einem gut verschliessbaren Gefäss aufbewahren.
Das Pilzpulver zum Würzen von Suppen, Eintöpfen, Saucen und Fleischgerichten verwenden.

## Haltbare Flüssigwürze

Die getrockneten Pilze mit wenig Wasser auskochen, auf einem Sieb abtropfen und gut ausdrücken. Die gewonnene Flüssigkeit abmessen und pro 100 ccm 1 EL Salz zufügen. Etwas einkochen lassen.
In einer Dosierflasche aufbewahren und zum Würzen von Suppen, Eintopfgerichten, Saucen und Fleischgerichten verwenden.

## Knoblauchöl

(siehe Bild Seite 60)

*10–15 Knoblauchschwindlinge, getrocknet oder frisch*
*¾ l gutes Speiseöl*

Die Pilze in dem Speiseöl einige Tage ausziehen lassen, dann herausheben und fein gehackt zu einem Knoblauchgericht verwenden. Das Knoblauchöl eignet sich zum Beizen, Braten oder Grillen von Fisch, Fleisch und Geflügel und als Salatwürze.

## Pilzbouillon mit Ei

*1 Tasse Trockenpilze*
*750 ccm Wasser*
*1 Zwiebel, fein gehackt*
*1 Bund Suppengrün, fein aufgeschnitten*
*Salz, Pfeffer*
*4 Eigelb*
*½ Bund Schnittlauch, fein aufgeschnitten*

Die Trockenpilze im Wasser einige Stunden einweichen. Dann mit der Zwiebel und dem Suppengrün 45 Min. köcheln, mit Salz und Pfeffer abschmecken und durch ein Sieb giessen. Die Bouillon in 4 Suppentassen geben, je ein Eigelb hineinlegen und mit dem Schnittlauch bestreuen.
**Abwandlung:** Die Bouillon mit etwas Sherry würzen und statt Eigelb Backerbsen oder Suppennudeln einlegen oder die Pilzklösschen von S. 31.

## Pilzcremesuppe

*je 1 EL Butter und Mehl*
*Bouillon nach dem vorangegangenen Rezept, abgeseiht*
*Salz, Pfeffer*
*60 ccm Sahne*
*1 Eigelb*
*1 EL Dill, fein gehackt*

Aus der Butter und dem Mehl eine Mehlschwitze bereiten, mit der Bouillon glattrühren. Die Hitze abschalten, die Sahne mit dem Eigelb verquirlen und die Suppe damit legieren. Den Dill darüberstreuen.

*Sülze mit eingelegten Pilzen*
*(Rezept Seite 63)*

## **Pilzaspik** (Gallerte)

*1 Päckchen weisse Gelatine*
*1 Handvoll Trockenpilze*
*475 ccm Wasser*
*Salz*
*ein guter Schuss Sherry*

Die Trockenpilze im Wasser 2 Stunden einweichen, dann mit etwas Salz 10 Min. köcheln und abseihen. Die Gelatine nach Vorschrift in etwas kaltem Wasser quellen lassen und dann in dem Pilzkochsud auflösen, den Sherry einrühren und eine flache Form etwa 1 cm hoch damit ausgiessen. Erstarren lassen und in kleine Würfel schneiden. Pilzaspik eignet sich zum Garnieren von Fleischsalaten, kalten Platten, Braten usw.

### Verschiedene Sülzen mit Pilzaspik

Aspik nach dem vorangegangenen Rezept bereiten, abkühlen lassen, bis er anfängt zu gelieren, dann eine dünne Schicht in eine kalt ausgespülte Form giessen und erstarren lassen. Anschliessend eine der folgenden Füllungen immer abwechselnd mit einer neuen Lage Pilzaspik dazwischen in die Form geben, abschliessend mit Pilzaspik. Im Kühlschrank einige Stunden fest werden lassen, auf einen Teller stürzen und mit einer der Saucen Nr. 4 bis 7 von S. 14/16 und Bratkartoffeln servieren.

### Vorschläge für Sülzfüllungen

**1)** gekochter Schinken in Streifen, Spargelstücke (Dose), Gewürzgurken in Scheiben, hartgekochte Eier in Scheiben, etwas Schnittlauch, fein aufgeschnitten

**2)** kalte Aufschnitt- oder Bratenreste in Streifen, Tomaten in Scheiben, gefüllte Oliven in Scheiben, entkernte Paprikaschote, in feinen Streifen, weich gekocht

**3)** gekochtes Geflügelfleisch in Würfeln, gegarte Karottenscheiben, Blumenkohlröschen, Spargelstücke, Erbsen, Petersilie, fein gehackt

Sülzen eignen sich bestens zur Resteverwertung von gekochtem Fisch, Fleisch und Geflügel, kombiniert mit rohem oder gegartem Gemüse, Mixed Pickles, hartgekochten Eiern und gehackten Kräutern.

## **Sülze mit eingelegten Pilzen**

(siehe Bild Seite 62)

*Pilzaspik nach obigem Rezept*
*eingelegte Pilze von S. 56, fein aufgeschnitten*
*2 Tomaten, in Scheiben*
*2 Delikatessgurken, in feinen Streifen*
*einige Perlzwiebeln*
*mehrere gefüllte Oliven, in dünnen Scheiben*

Die Sülze, wie im vorangegangenen Rezept beschrieben, bereiten. Wer hat, legt ein paar blanchierte Orangebecherlinge in die Sülze, das gibt Farbe.